# Fachkraft im Fahrbetrieb

Berufsbegleitendes Informationsmaterial

SCHINEW.DE

Originalausgabe
1. Auflage als Taschenbuch 2018


ISBN 978-3-746761-00-8

Inhalt: Paulus Schinew
Cover Design: Tim Steffen Stoldt
Illustrationen: Tim Steffen Stoldt, Paulus Schinew
Lektoriert durch Klaus Hermes und Luise Kurz

# Vorwort

Mit diesem Buch möchte ich mich bei meinen Ausbildern und meinem Ausbildungsunternehmen für die umfangreiche Wissensvermittlung bedanken. Leider gibt es in dem Ausbildungsberuf der Fachkraft im Fahrbetrieb keine gut zusammengefassten Nachschlagewerke sondern nur sehr umfangreiches Lehrmaterial, was für den Berufsschulunterricht und für innerbetriebliche Schulungen für mich persönlich meistens weniger von Vorteil war. In diesem Buch habe ich alle für die Prüfung relevanten Informationen über den Ausbildungsberuf als stark komprimierte Formelsammlung zusammengefasst.

Ich wünsche Dir viel Erfolg und vor allem viel Spaß bei der Ausbildung zur Fachkraft im Fahrbetrieb!

Zum lockeren Einklang in die Materie ist hier ein humorvoller Lehrfilm über das Thema:
Wie überbrücke ich ein Auto mit einem Starthilfekabel?

Der QR-Code führt zu einem YouTube-Video, daher ist eine Internetverbindung erforderlich.

Inhaltsverzeichnis

Inhaltsverzeichnis

# 1. Lenk- und Ruhezeiten

- Grundlagen -

**Vo/EG 561/2006**

Harmonisierung bestimmter Sozialvorschriften im Straßenverkehr

- Linienlänge > 50km
- Gelegenheitsverkehr

**FPersV**

Verordnung zur Durchführung des Fahrpersonalgesetzes

- Linienlänge ≤ 50km

**ArbZG**

Arbeitszeitgesetz

## 1.1. Fahrpersonal Verordnung (FPersV)

Es gibt zwei Möglichkeiten der FPersV.

**1. Haltestellenabstand > 3km**

- Linienlänge < 50km
- Lenkzeitblöcke mit einer max. Länge von 4h 30min
- Pausenblöcke ***1x30'*** oder ***2x20'*** oder ***3x15'***
- Optional Pausensplitting in ***1x15'*** und ***1x30'***
- Tageslenkzeit 9h, 2x pro Woche 10h

**2. Haltestellenabstand ≤ 3km**

- Linienlänge < 50km
- Alternativ 1/6 Regelung

  Das heißt, dass mindestens 1/6 der Lenkzeit die Wendezeit ergeben muss.
- Anrechenbare Wendezeit (planmäßig) **ab 10 min**

## 1.2. Wochenlenk- und Ruhezeit

Die Tageslenkzeit beträgt **9h**, sie darf maximal
zweimal je Woche auf **10h** erhöht werden.

| | | |
|---|---|---|
| **9h** | 1x45' oder 15' + 30' | **Lenkzeitblock** max. 4h30' |
| **10h** | je 1x45' oder 15' + 30' | |

Die **Schichtzeit** darf höchsten **15h** betragen.

Die Tagesruhezeit sollte mindestens **11 Stunden** andauern.
→ bei einem Split (z.B. geteilter Dienst) 3h + 9h (12h)

Die Tagesruhezeit darf bis zu **drei** mal zwischen zwei Wochenruhezeiten auf **minimal 9 Stunden** reduziert werden.
→ *Allerdings **OHNE** Ausgleich !*

## 1.3. Symbole am EG-Kontrollgerät

 Lenkzeit

 Ruhezeit

 Sonstige Arbeit

 Bereitschaft

Fahrerkarte eingelegt
(für Fahrer 1 und Fahrer 2)

OUT „Out of Scoupe"
Fahren ohne Fahrerkarte

# 1.4. 2-Fahrer Regelung

- Ausnutzung **maximaler** Tageslenkzeit von 10 Stunden
- Ausnutzung **verkürzter** Tagesruhezeit von 9 Stunden

Durch die 2 Fahrer Regelung ist eine Bezugszeitraum von 30 Stunden möglich.

| | | | | | | | | |
|---|---|---|---|---|---|---|---|---|
| **Fahrer 1** | ⊙ | ⊠ | ⊙ | ⊠ | ⊙ | ⊠ | ⚒ | 🛏 |
| **Fahrer 2** | ⊠ | ⊙ | ⊠ | ⊙ | ⊠ | ⊙ | ⚒ | 🛏 |
| **Zeit** | 4,5 h | 4,5 h | 4,5 h | 4,5 h | 1 h | 1 h | 1 h | 9 h |

# 1.5. Doppelwochenregelung

Bei einer Doppelwoche müssen **zwei regelmäßige, wöchentliche Ruhezeiten** von mindestens 45 Stunden oder **eine regelmäßige, wöchentliche und eine reduzierte, wöchentliche Ruhezeit** von mindestens 24 Stunden stattfinden. Der Ausgleich bei einer verkürzten Wochenruhezeit muss bis spätestens zum Ende der **dritten Folgewoche** erfolgen.

Beispiel: Ausgleich einer verkürzten Ruhezeit

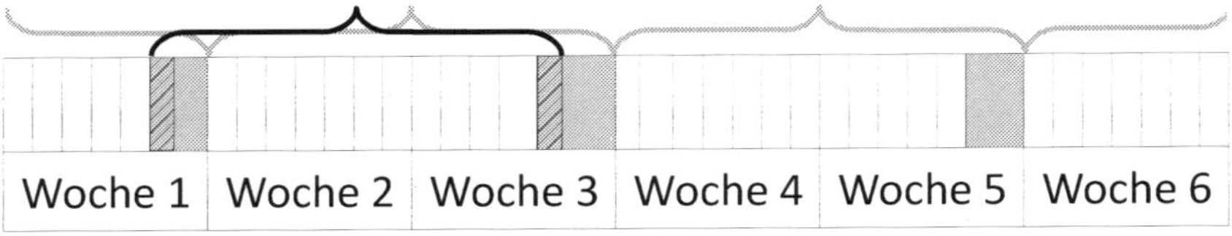

# 1.6. Formeln zur Pausenberechnung

## 1/6 Pausenregelung

1. Lenkzeiten addieren
2. anrechenbare Wendezeit addieren (≥ 10 min)
3. $\frac{Lenkzeit}{6} = Mindestwendezeit$

   Die Mindestwendezeit darf nicht von der vorhandenen Wendezeit unterschritten werden.

Der 4,5h Lenkzeitblock gilt hier nicht zwingend. Es darf allerdings eine Blockpause geben.

## 1/5 Pausenregelung

Die 1/5 Regelung wird grundsätzlich nur nach betrieblicher Vereinbarung angewendet. Allerdings ist diese Pausenregelung **keine** offiziell geltende Regelung.

1. Lenkzeit addieren
2. anrechenbare Wendezeit addieren (≥ 8 min)
3. $\frac{Lenkzeit}{5} = Mindestwendezeit$

   Die Mindestwendezeit darf nicht von der vorhandenen Wendezeit unterschritten werden.

# 2. Dienstpläne

Ein Dienstplan ist ein **Werkzeug der Personalplanung**. Für Fachkräfte im Fahrbetrieb gelten innerhalb dieser Dienstpläne sogenannte Turnuspläne. Diese regulieren die regelmäßigen Arbeits- und Ruhetage.

## 2.1. Kreuzungspläne

Kreuzungspläne sind Pläne an welchen man erkennen kann, an welchem Punkt sich die Linienumläufe kreuzen. Ein Kreuzungsplan ist ein Weg-Zeit-Diagramm.

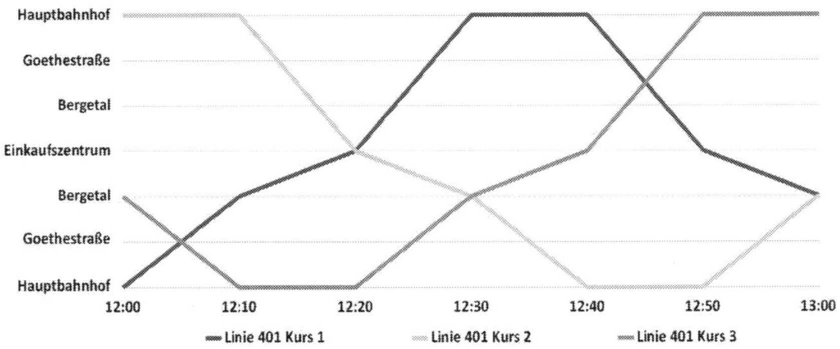


<u>Allgemein</u>

Die Steigung der Linien entspricht der Fahrgeschwindigkeit.

-  = schnell
-  = langsam
-  = Liegezeit / Wendezeit

Leerfahrt (Optional)

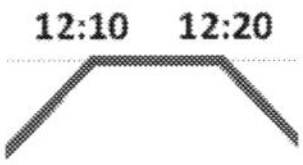


Wendezeit

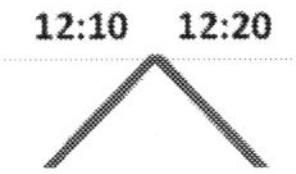


Spitze
(keine Wendezeit)

# 2.2. Dienstpläne und Turnuspläne

## Allgemeine Regeln

- Der Arbeitszeitausgleich muss innerhalb des Turnus erfolgen.
- Ruhezeiten müssen eingehalten werden.

Im optimalen Fall sollte vor freien Tagen ein Frühdienst und nach einem freien Tag ein Spätdienst erfolgen. Meistens nennt man dies den „Aufsteigerdienst“.

**6 – 2** 6+2 = 8 Wochen

**Dienstage** **Freizeittage**

*Bsp.:* Turnusplan 6 - 2

| **Woche** | *Montag* | *Dienstag* | *Mittwoch* | *Donnerstag* | *Freitag* | *Samstag* | *Sonntag* |
|---|---|---|---|---|---|---|---|
| 1 | X | X | X | X | X | X | |
| 2 | | X | X | X | X | X | X |
| 3 | | | X | X | X | X | X |
| 4 | X | | | X | X | X | X |
| 5 | X | X | | | X | X | X |
| 6 | X | X | X | | | X | X |
| 7 | X | X | X | X | | | X |
| 8 | X | X | X | X | X | | |

Turnus | Beispielrechnung (bei 8 Stunden regulärer Arbeitszeit)

**56 Tage**
42 Dienste
14 Frei

$$(42\,Tage \cdot 8\,h) - (2 \cdot 8\,h) = 320\,h$$

$$320\,h \div 42\,Tage = 7{,}61\,h = 7\,h\,37\,Min$$

Bei 42 Tagen Dienst in einem 56 Tage Turnus lässt sich eine durchschnittliche Dienstlänge von 7 Stunden und 37 Minuten errechnen.

# 3. Bedarfsrechnungen und Wirkungsgrade

**Personalfaktor / Personalwirkungsgrad (PWG)**

$$PWG = \frac{tatsächliche\ Anwesenheit}{Sollanwesenheit}$$ *Ergebnis < 1*

$$Berechnung\ 1 + (1 - PWG) = Personalfaktor$$ *Ergebnis < 1*

Tatsächliche Anwesenheit:

- Wochenarbeitszeit
- Urlaub
- Krankheit
- Weiterbildung

**Fahrplanwirkungsgrad (FPW)**

$$FPW = \frac{Lenkzeit\ (Nutzkilometer\ \text{in}\ min)}{Umlaufzeit\ (Leistungskilometer\ \text{in}\ Minuten)}$$

$$Fahrzeugbedarf = \frac{Umlaufzeit}{Taktzeit}$$

**Dienstplanwirkungsgrad (DPW)**

$$DPW = \frac{Summe\ Fahrzeugumläufe}{Summe\ Dienstlänge}$$

# 4. Fahrzeugsystemtechnik (FSY)

## 4.1. Abmessungen des Kraftomnibus

| | • 2 Achsen •<br>(z.B. Solobusse)<br>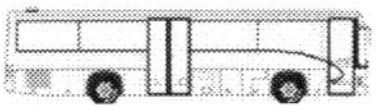 | • 3 Achsen •<br>(z.B. Solo-/Reisebusse)<br>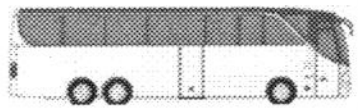 | • 3 Achsen •<br>(Gelenkbusse)<br> |
|---|---|---|---|
| **a) Länge**<br>**(mit Skibox)** | 13,5 m | 15,0 m | 18,75 m |
| **b) Breite**<br>**(ohne Spiegel)** | 2,55 m (mit Spiegel circa 3 m) | | |
| **c) Höhe**<br>**(alle Aufbauten)** | 4 m | | |
| **d) Radabstand** | Abhängigkeit (keine Vorgaben) | | |
| **e) Spurweite** | | | |
| **f) Überhanglängen** | | | |
| **g) zulässige Gesamtmasse** | 18 t | 28 t | 28 t |

### Platzbedarf eines Gelenk KOM bei Kurvenfahrten (Wendekreis)

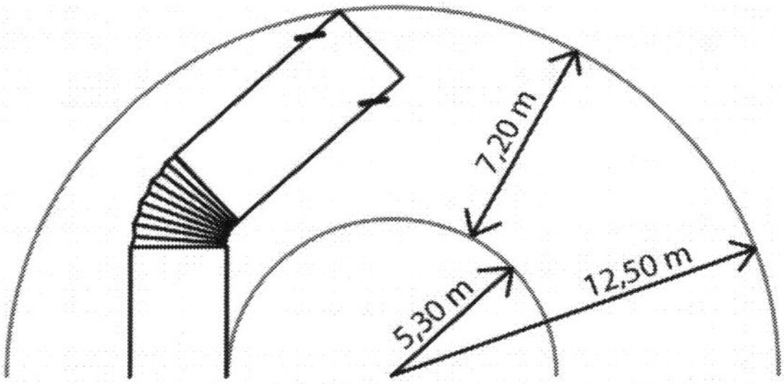

## 4.2. Grundfunktionen des Dieselmotors

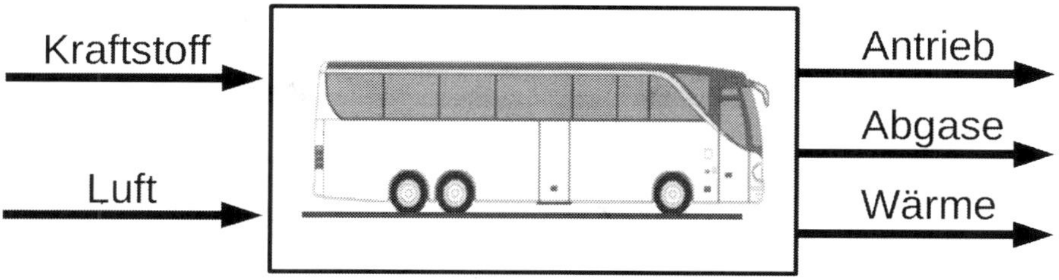


**Anforderungen an den Kraftomnibus-Motor:**

- hohes Drehmoment („großer" Drehzahlbereich)
- hohe Lebensdauer (1.000.000 km)
- geringer Kraftstoffverbrauch
- geringer Schadstoffausstoß
- „Vollgasfest" (Das bedeutet hohe Last bei hoher Drehzahl.)
- große Wartungsintervalle
- wartungsfreundlicher Aufbau

» Motoren sind mittlerweile generell nach dem Baukastenprinzip aufgebaut und mit einem Turbolader verbunden. Dieser komprimiert die Verbrennungsluft. Dadurch wird mehr Sauerstoff in den Verbrennungsraum geleitet, damit eine höhere Motorleistung erzeugt werden kann.

## 4.3. Direkteinspritzer

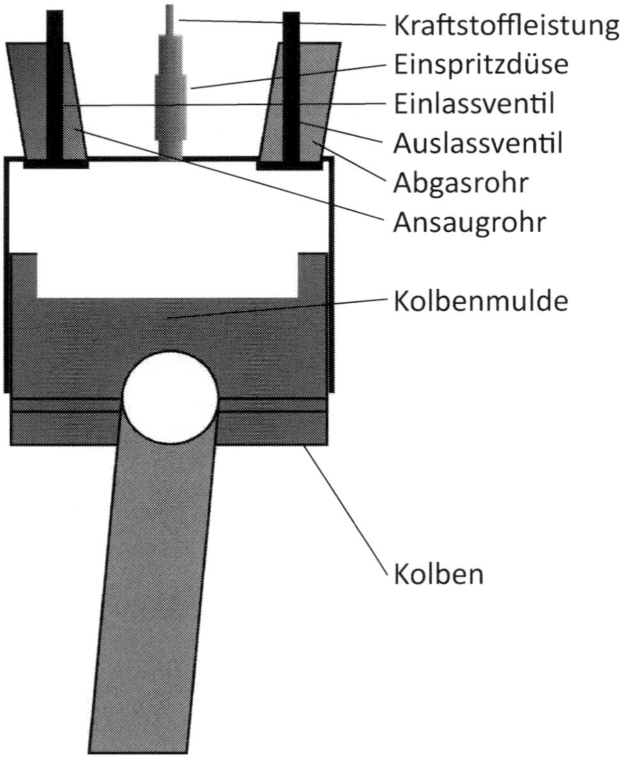

## 4.4. Grundlagen zur Fahrphysik

Geschwindigkeit = $\frac{Weg}{Zeit}$ $\quad \frac{km}{h} \xrightarrow[\cdot 3600]{\cdot 1000} \frac{\text{m}}{\text{sek.}}$ >> : 3,6

Beschleunigung = Geschwindigkeitsveränderung pro Zeit

$$\frac{m}{sek} \div sek = \frac{m}{sek^2}$$

# 4.5. Betriebs- und Hilfsstoffe

**Bezeichnungssystematik von Gefahrenquellen, Betriebsanweisungen, etc.**

| | |
|---|---|
| *R-/S- Sätze* „alt“ | *GHS* „neu“ |
| *(Risiko- und Sicherheitssätze)* | *(Global Harmonisiertes System)* |

## Betriebsstoffe des Kraftomnibus
**(zwingend erforderlich)**

- Motoröl, Getriebeöl, Lenköl
- Kraftstoff
- Kühlflüssigkeit
- Hydrauliköl (nur bei Solo-Fahrzeugen mit 3 Achsen)
- Druckluft
- Batterie(-säure)

## Hilfsstoffe des Kraftomnibus
**(Pflege, Wartung, Erhaltung)**

- Reinigungsmittel
- Scheibenwaschwasser
- AdBlue
- Korrosionsschutzmittel
- Lösemittel / Verdünner
- technische Gase / Sprays
- Gummipflegemittel
- Lackpflegemittel

# 4.6. Grundlagen zur Motorschmierung

Verwendete Schmierstoffe (*aus Betriebsstoffe für den KOM*):
**Das Motoröl** schmiert, kühlt, reinigt den Motor und bietet es einen zusätzlich Korrosionsschutz.

***Anforderungen sind daher...***

- wärmebeständig } Viskosität
- bei Kälte noch fließfähig } Viskosität
- Transport von Partikeln
- alterungsbeständig

Ein **Getriebeöl** schmiert, kühlt und bietet Korrosionsschutz. Das **Lenköl** bzw. **Hydrauliköl** dient lediglich der Kraftübertragung und bietet zusätzlich einen Korrosionsschutz. Die **Anforderungen werden durch Additive*** erreicht. Moderne Motoröle sind daher fast immer **Vollsynthetiköle**.

## Wichtigste Angabe ist die Viskositätsklasse, z.B. 5 W 30

| **5** | **W** | **30** |
|---|---|---|
| „je kleiner, desto kühler" | Winter | „je größer, desto wärmer" |
| *Fließfähigkeit bei Kälte* | | *Schmierfähigkeit bei Hitze* |

## „Verschleißursachen" bei Motorölen

**Alterung:** Oxidation durch hohe Temperaturen
**Verdickung:** Wasser, Ruß, Abrieb, Staub
**Verdünnung:** Kraftstoff

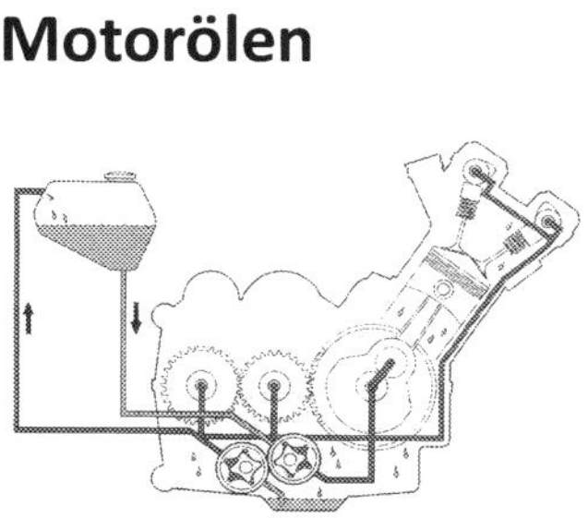

*Zusatz zu Mineralölen, Kunststoffen, Waschmitteln u. a. zur Abschwächung unerwünschter oder zur Verstärkung erwünschter Eigenschaften

# 4.7. Räder / Bereifung des KOM

| | |
|---|---|
| 315₁/80₂ | **1** Reifenbreite in mm<br>**2** Reifenhöhe in % bezogen auf die Reifenbreite |
| R | Radialreifen |
| 22,5 | Felgendurchmesser in Zoll *(1 Zoll = 2,54 cm)* |
| 149/145 | Load-Index (einzel/zwilling) |
| J | Speed-Index |
| 90 PSI | Reifendruck in PSI |
| DOT | Deoartement of Transportation |
| 0507 | Produktionswoche (05) / Produktionsjahr (07) |
| M+S | Matsch und Schnee |
| REGROOVABLE | nachschneidbarer Reifen (ca. 3-5 mm) 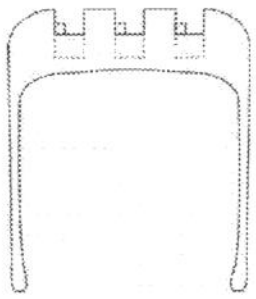 |
| TUBELESS | Schlauchlos |
| RETREAD | Der Reifen wurde bereits runderneuert. |
| TWI | Tread Wear Inclicatir (Verschleißanzeiger) |

Sommerreifen

Winterreifen

# 4.8. Antriebsstrang des Kraftomnibus

- Die kinematische Kette -

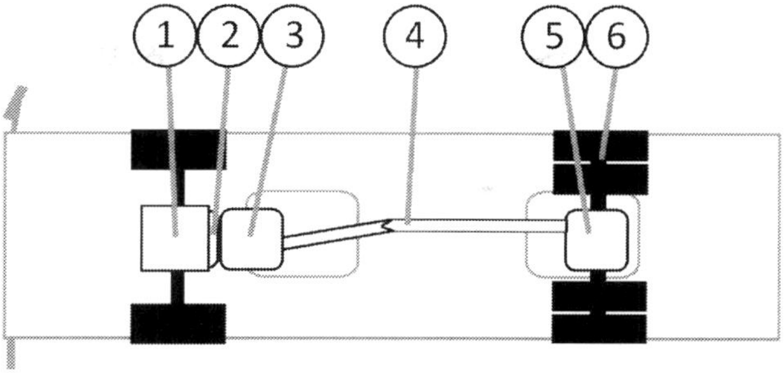


1) Motor
2) Kupplung
3) Getriebe
4) Gelenkwellen
5) Achsverteilergetriebe
6) Achse mit Außenplanetengetriebe

## Welche Aufgabe hat ein Getriebe?

- „Fahrgetriebe"
  - Motor in günstigen Drehzahlbereich bewegen
  - Drehmoment ↗ und Geschwindigkeit ↘
  - Drehmoment ↘ und Geschwindigkeit ↗
  - Rückwärtsgang / Drehrichtung umkehren
  - (Leerlauf)
- Differenzial
  - Ausgleich verschiedener Kurvengeschwindigkeiten
  - Differenzialsperre als Anfahrhilfe

## Welche Aufgaben hat eine Kupplung?

- Überträgt das Motordrehmoment
- ermöglicht ein sanftes Anfahren
- trennt den Kraftfluss:
  - Anfahren und Anhalten
  - Gangwechsel
  - Fahrtrichtungswechsel

Die Kupplung ist eine trennbare Verbindung zwischen Motor und Getriebe und dient der Angleichung des Drehzahlbereiches durch Reibung.

# 4.9. Emissionen von Fahrzeugen

**Aktuelle Euronorm:** Euro 6 seit dem 01.09.2014

*Mindestvoraussetzung der Umweltzonen ist die **grüne Plakette**.*

Diesel: Euro 4<br>
Benzin: Euro 1

} Feinstaubplakette

**Kraftstoffe klassisch:**

- Benzin
- Diesel

**Kraftstoffe alternativ:**

- Hybrid (Strom)
- LPG (Auto- / Flüssiggas)
- CNG (Erdgas)
- Brennstoffzelle (Wasserstoff)
- Rapsöl
- Holz
- Bio Ethanol

**Abgasbestandteile (ungiftig):**

- Wasserdampf
- Stickstoff
- Restsauerstoff
- $CO_2$ (Erderwärmung)

**Abgasbestandteile (giftig):**

**CO Kohlenstoffmonoxid** (farblos, geruchlos, geschmacklos und tödlich) - blockiert rote Blutkörperchen

**NOx Stickoxide** (saurer Regen, Asthma, Ozon durch UV-Strahlung)

**HC Benzol** (Kohlenwasserstoff) Nervenschäden, Leber, Niere, cancerogen*

**PM Rußpartikel**

Atemwegserkrankungen, cancerogen*

---

* Krebserregend

# 4.10. Hybridtechnik

### Unterteilung in Mikro-Hybrid:

- Start-Stopp Automatik
- Rekuperation*

→ Unterstützung durch ein elektrisches System

### Mild-Hybrid:

- Start-Stopp Automatik
- Rekuperation* → Anfahr- / Beschleunigungsunterstützung
- Boost-Funktionen

### Full-Hybrid:

- Start-Stopp Automatik
- Rekuperation*
- Ein rein elektronisches Fahren ist möglich

### Betriebsmodi von Hybridfahrzeugen

***Boost***

Maximale Beschleunigung durch eine E-Motor-Unterstützung. Dadurch ist das Downsizing** des Verbrennungsmotors möglich.

***Elektrisch fahren***

„Emissionsfreies“ Fahren ausschließlich mit einem Elektromotor.

***Generatorbetrieb***

Verbrennungsmotor läuft mit hohem Drehmoment zur Stromerzeugung, dennoch dient nur ein Teil der Leistung zum Fahren.

***Rekuperation****

Elektromotor läuft als Generator → Bremsenergierückgewinnung

***Start-Stopp***

Betriebswarmer Motor wird bei Fahrzeughalt abgeschaltet und wird mit betätigen des Fahrpedales wieder gestartet.

---

*Rekuperation = Rückgewinnung

**Downsizing = kleinerer Motor bei gleicher Leistung

## Common-Rail-System

Speichereinspritzungssystem mit vollelektronischer Steuerung.
Einspritzdruck aktuell ca. 2500 bar.

- Voreinspritzug: leise Verbrennung
- Haupteinspritzung: Leistungserzeugung
- Nacheinspritzung: Erhöhung Abgastemp. für Euronorm

} frei programmierbar

Ein gekühlter Kraftstoffrücklauf erforderlich.

## Grundlagen der Hybridtechnik

Hybridfahrzeuge haben zwei verschiedene Antriebskonzepte.
In der Regel Verbrennungsmotor + Elektromotor

**PKW**

- Benzin + E-Motor
- Diesel + E-Motor
- Kein Hybrid:
  - Zweiwertige Fahrzeuge (1 Motor, **zwei** verschiedene Kraftstoffe)
  - O-Bus (externe Energieversorgung)

**Nutzkraftwagen**

- Diesel + E-Motor

**Vorteile Verbrennungsmotor**

- Reichweite
- Energie noch günstiger
- Infrastruktur
- schnelles Betanken
- Anschaffungskosten

**Nachteile Verbrennungsmotor**

- Abgase
- Drehmomentverlauf
- Geräuschemission
- Wirkungsgrad

**Vorteile Elektromotor**

- Abgase
- Drehmomentverlauf
- Geräuschemission
- Wirkungsgrad

**Nachteile Elektromotor**

- Reichweite
- Energie noch günstiger
- Infrastruktur
- schnelles Betanken
- Anschaffungskosten

**Hybrid**

Vorteile Verbrennungsmotor + Vorteile Elektromotor

# 4.11. Grundlagen Druckluftbremse KOM

- **Niederdruckbremsanlage mit max. 10 bar**
- **ca. 5 Druckluftkreise:**
  - Bremskreis 1 (mit Federspeicher)
  - Bremskreis 2 Fahrtfreigabe
  - Fahrwerk
  - Kneeling
  - Türen, ect.

- **Relevante Systemdrücke**
  - Sicherungsdruck > 6 bar
  - Einschaltdruck komp. > 7,5 bar
  - Abschaltdruck komp. > 8,5 bar

1,5 bar
1 bar
2,5 bar

**2,5 bar** = 3 Vollbremsungen
à 0,7 bar + Reserve

- **Bremssysteme**
  - BBA – **Bremsanlage**
  - FBA – **Feststellbremsanlage**
  - DBA – **Dauerbremsanlage**
  - HBA – **Hilfsbremsanlage***
  - Haltestellenbremse (rein elektronisch)

*In einem KOM gibt es **grundsätzlich zwei Bremskreise**. Sollte einer defekt sein, kann der andere das Fahrzeug immer noch zum Stehen bringen. Sollten beide defekt sein wird durch den fehlenden Druck die Feststellbremse aktiv und das Fahrzeug wird abrupt abgebremst und ist nicht mehr fahrtauglich.

**Bremsanlage** bis ca. 5 $\frac{m}{s^2}$

**Feststellbremsanlage** ca. 1,5 $\frac{m}{s^2}$

**Dauerbremsanlage**

- bis 2-fache Motorleistung
- ab 5,5 t zulässige Gesamtmasse „zGm“
- ausgeladenes Fahrzeug max. 30 km/h bei 7% Gefälle auf 6 km Länge

## Druckluftbremssystem

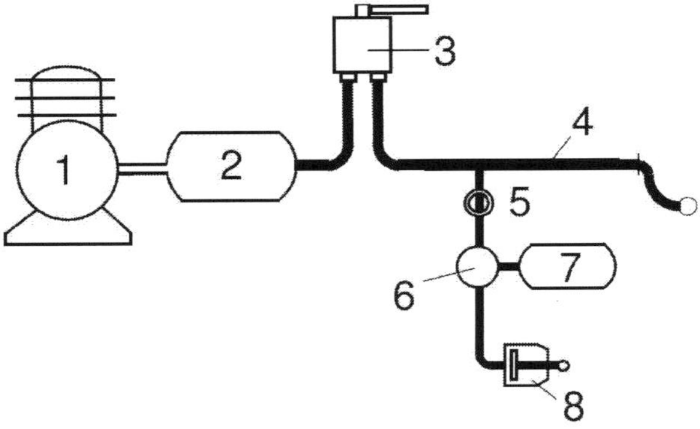


1 Kompressor
2 Hauptluftbehälter
3 Führerbremsventil
4 Hauptleitung
5 Ausschalthahn
6 Steuerventil
7 Hilfsluftbehälter
8 Bremszylinder

# 4.12. Grundlagen Schienenfahrzeuge

## Definitionen

| | |
|---|---|
| **Straßenbahn** | Verkehren im Verkehrsraum öffentlicher Straßen straßenbündig oder auf besonderen/unabhängigen Bahnkörpern. Sie fahren auf Sicht, es gelten StVO und BOStrab (SO). |
| **Stadtbahn** | Mischsystem straßenabhängiger/ -unabhängiger Strecken (Tunneln, Hochstrecken, etc.). In Tunneln wird auf Zugsicherung gefahren, auf weiteren unabhängigen Strecken gilt die StVO nicht. |
| **U-Bahn** | Schienenbahnen, die völlig unabhängig von öffentlichen Straßen sind. Anlegungen im Tunnel, auf Dämmen, Hochstrecken, öffentliches Gelände. U-Bahn als geschlossenes System hat meist seitlich am Gleis angebrachte 3. Schiene (Strom). |
| **S-Bahn** | Entsprechen weitestgehend U-Bahnen, vielfach deckungsgleich/ähnlich verlegt mit Fernstrecken DB AG. |
| **Schwebebahn** | Sie wurden aufgrund topographischer Gegebenheiten gebaut bzw. entwickelt. |

# Grundlagen Elektrizität

| | |
|---|---|
| **Spannung** [V] | → Potenzial unterschied („Anzahl Elektronen“) |
| **Stromstärke** [A] | → Stromfluss („Menge Elektronen pro Zeit“) |
| **Widerstand** [Ω] | → Material- / Temperatur- / Querschnittsabhängig |
| **Leistung** [V x A = W] | → Pendant zu mechanischer Leistung |
| **Frequenz** [Hz] | → Spannungswechsel pro Sekunde bei Wechselstrom |

## Stromversorgung der Straßenbahn

Eine Stromversorgung der Straßenbahnen geschieht durch **eigene Bahnkraftwerke oder wird durch das öffentliche Stromnetz, über Bahnunterwerke** (vgl. Gleichrichter), bezogen. Auf den **Oberleitungen (Fahrdraht) befindet sich ein Gleichstrom von 600V**. Dieser wird per Stromabnehmer in die Straßenbahn geleitet. Der **Strom fließt durch die Bahn über einen Überstromschalter, Widerstände, dem Fahrschalter, Motor und über die Schiene wieder zurück ins Kraftwerk**.

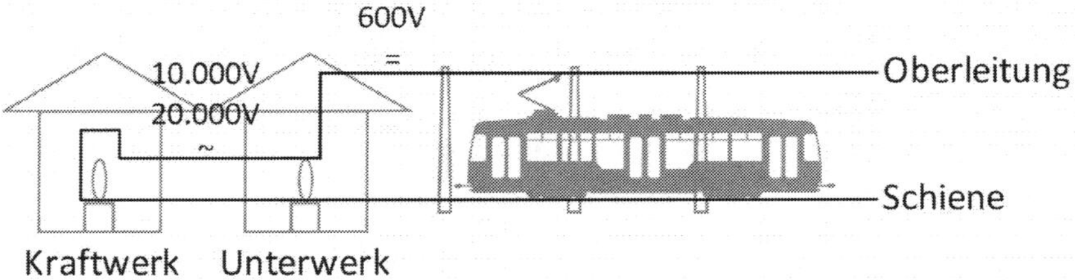

## Betriebsbremse der Straßenbahn

- Die generatorische Bremse der Straßenbahn -

Die Betriebsbremse gilt als die sicherste und wichtigste Bremse. Sie alleine kann allerdings den Wagen nicht vollständig zum Stillstand bringen. Beim Bremsvorgang wirken die Motoren des Triebwagens dabei als Generatoren und erzeugen Strom. Der„Bremsstrom" wird durch Widerstände geleitet und dort in Restwärme umgesetzt und über Kupplungskabel auf die Beiwagen übertragen, um auch sie auch zu bremsen.

**Vorteile:**

- sehr sichere Bremse
- keine direkten Verschleißteile (Bremsscheiben, etc.)
- funktioniert ohne Stromzufuhr (wenn Batterie oder Oberleitung beschädigt ist)

**Nachteile:**

- kann nur die angetriebene Achsen bremsen
- Bremsstrom muss an elektrische Feststellbremse weitergeleitet werden
- funktioniert nur, solange sich der Zug mit einer gewissen Geschwindigkeit bewegt, da im Stand kein Bremsstrom erzeugt werden kann

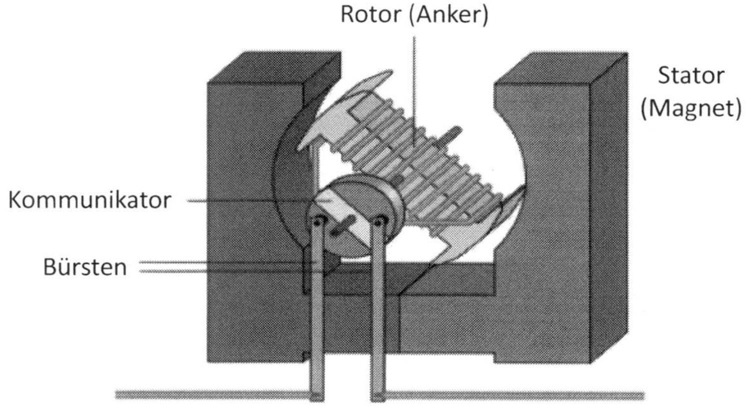

# 4.13. Grundlagen der Navigation

## Fakten zur Erde

| | |
|---|---|
| Äquator: | Ø 12757 m |
| Pol: | Ø 12714 m |
| Achsneigung: | 23° |
| Achsrotation: | 24 h → Tageszeit |
| Revolution: | 365 Tage 6 Stunden → Schaltjahr |
| Umfang Äquator: | π x d = 40077,3 km |

*1° = 1 h*
*1° = 60 '*

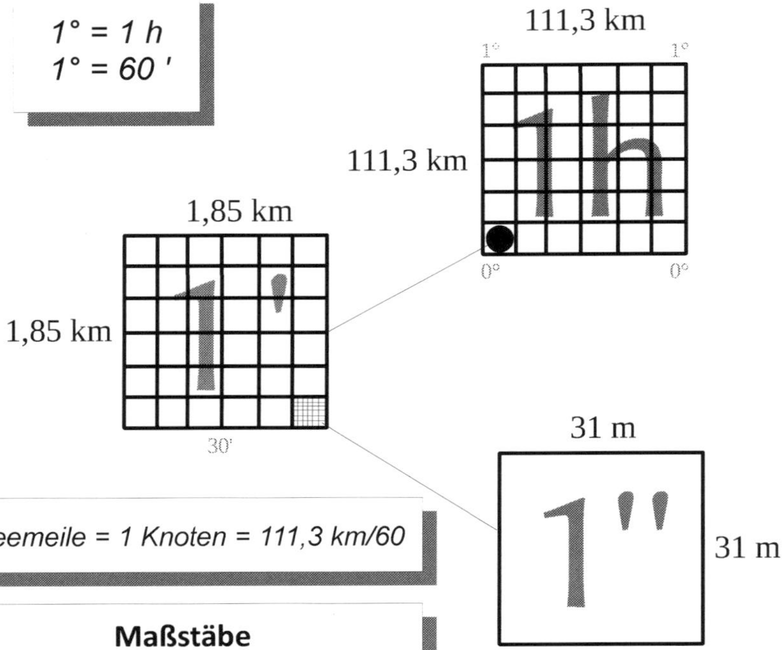


*1 Seemeile = 1 Knoten = 111,3 km/60*

**Maßstäbe**

1:100.000 = 1 km

# Fakten zu Deutschland

*(List)* Nord ← **876 km** → Süd *(Oberstdorf)*
*(Görlitz)* Ost ← **656 km** → West *(Aachen)*

## Autobahnen

Nord/Süd
→ ungerade Zahlen

Ost/West
→ gerade Zahlen

Grundnetz
→ A1 bis A9

Europastraßen

Regionale BAB
→ dreistellig

## Straßenkategorien

Schwerlast-verkehr

- BAB / A / E
- Bundesstraße
- Landstraße

(BAB / A / E, Bundesstraße:) Kraftfahrtstraßen vmin ≥ 60 km/h

---

- Kreisstraße
- Gemeindestraße (teilweise unbefestigt)

# 4.14. Grundlagen des GPS

Anfangs (seit 1940) wurde der Radar militärisch und zivil eingesetzt. Das **GPS „Global Positioning System“** existiert erst seit 1973 ausschließlich für das Militär. Für den zivilen Gebrauch wurde es erst später freigegeben. Allerdings aus Sicherheitsgründen zunächst ungenauer.

- 3D Position in Echtzeit (ruhende + bewegte Objekte)
- Geschwindigkeits- und Zeitbestimmung
- unbegrenzte Anzahl gleichzeitiger Nutzer
- Wetter-/Positionsunabhängig
- hohe Störsicherheit
- ab 1993 → private Freigabe mit S/A (*selective availability*: geänderte Zeit + sat. Position)

**Umsetzung in der Umlaufbahn**

- 24 aktive Satelliten (+8 Reserve)
- 6 verschiedene Orbitale (Umlaufbahnen)
- 12 Stunden pro Umlauf
- Flughöhe ca. 20.000 km
- Ø 6m, 1000 kg, Lebensdauer ca. 5 Jahre
- „Sichtkontakt an jeden Punkt zu min. 3 Satelliten
- Sendeleistung max. 50W / Elevationswinkel 15°

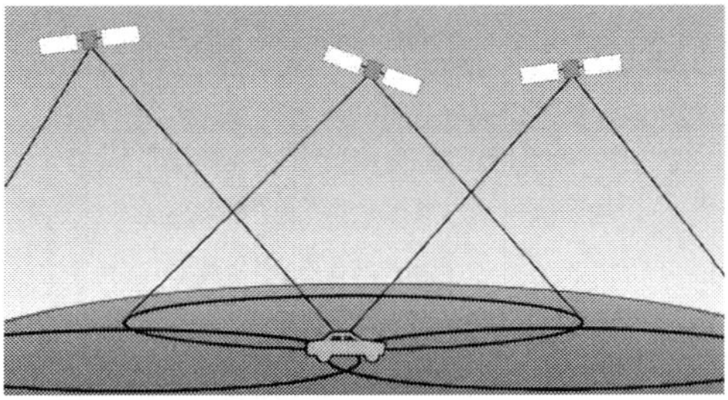

# Angeben von GPS-Koordinaten

*Schreibweise in* **latitude** *und* **longitude**

| | | | | | |
|---|---|---|---|---|---|
| **lat.** | h | ddd | mm | ss | h = (N) Nord, (S) Süd |
| **long.** | h | ddd | mm | ss | h = (E) Ost, (W) West |

Bsp. für Standortkoordinaten: N 51° 15' 17''
E 7° 9' 0''

© Google Maps – **Beispiel für Koordinaten**

# 5. Wirtschafts- und Betriebslehre

## 5.1. Arbeitsschutz (§ 618 BGB)

| **persönlicher Arbeitsschutz** | **betrieblicher Arbeitsschutz** | **gesetzlicher Arbeitsschutz** |
|---|---|---|
| • Aufmerksamkeit / vorausschauend Handeln | • Tragen der Dienst- / Schutzkleidung (*PSA**) | • Arbeitszeit |
| • Befolgung der Vorschriften / Unterweisungen | • Sicherheitsunterweisungen / Belehrung | • Unfallverhütungsvorschrift (gesetzlicher Träger *Berufsgenossenschaft*) |
| • Gesundheit / gute Verfassung | • Aushänge | • „Tüv“ |
| • Ordnung / Sauberkeit | • Warnhinweise | • Arbeitsschutzgesetz |
| • innerbetriebliche Kommunikation | • Anweisungen | • Jugendarbeitsschutzgesetz |
| • Datenschutz | • Ausstattung (Ergonomie) | • Mutterschutzgesetz |
| | • Hausordnung | • Schwerbehindertengesetz |

* PSA – Persönlicher Schutzausrüstung

# 5.2. Arbeitsschutz im Betrieb

***Welche(s) Gesetz(e) ist/sind für den Arbeits- und Gesundheitsschutz wichtig?***

- Arbeitsschutzgesetz
- Arbeitssicherheitsgesetz (ASiG)
- soziale Arbeitsschutzgesetze
- gesetzliche Unfallversicherung
  - Berufsgenossenschaft
- Unfallverhütungsvorschrift

} **Europäische Richtlinien**

***Wer trägt im Betrieb die Verantwortung für den Arbeitsschutz?***

Der Unternehmer (Chef) bzw. andere Führungskräfte tragen im Betrieb die Verantwortung für den Arbeitsschutz.
*z.B. Fachkräfte für Arbeitssicherheit*

***Wer bezahlt bei Arbeitsunfällen die Behandlungskosten?***

Die Berufsgenossenschaften und Unfallkassen als Träger der gesetzlichen Unfallversicherung.

## *Gibt es noch andere Mitarbeiter, die beraten und unterstützen?*

| | |
|---|---|
| **Fachkraft für Arbeitsschutz:**<br><br>Unternehmer (Ingenieure, Meister oder Techniker) | • beraten den Unternehmer<br>• decken Sicherheitstechnische Mängel auf und beheben diese<br>• führen Kontrollen durch<br>• helfen bei den Unterweisungen |
| **Betriebsarzt:** | • berät Unternehmer rund um Gesundheitsschutz<br>• führt medizinische Versorgung durch |
| **„Sicherheits-beauftragte“**: | • setzen sich für mehr Sicherheit und Gesundheit ein<br>• dürfen aber keine Anweisungen oder Anforderungen machen |

# 5.3. Arbeitsschutzgesetze

- zusammengefasste Übersicht -

| | Jugendarbeitsschutzgesetz (JArbSchG) | Kündigungsschutzgesetz (KSchG) |
|---|---|---|
| **Wer?** | Alle Jugendliche unter 18 Jahre (ab 15 Jahre) | Alle Arbeitnehmer und Auszubildende |
| **Wann?** | Ab Beginn einer Tätigkeit | ▪ nach 6 Monaten ununterbrochener Arbeit |
| **Leistung** | ▪ schützt vor gefährlichen oder ungeeigneten Arbeiten → Gesundheitsschutz | ▪ Voraussetzungen schaffen ob eine Kündigung gerechtfertigt ist |
| **Inhalt** | **Arbeitszeit:**<br>▪ täglich max. 8 Std. (max.40 Std. Woche)<br>▪ 5 Tage Woche (Samstag „frei", Ausnahmen sind z.B. Einzel-handel, Gastronomie)<br>▪ Arbeit zwischen 6 – 20 Uhr<br>▪ min. 12 Stunde Ruhezeit<br>**Pausen:**<br>bis 6 Stunden: 30 min<br>ab 6 Stunden: 60min<br>(Pause nach maximal 4,5 Stunden Arbeitszeit)<br>**Schichtzeit:** incl. Pause max. 10 Std. (Gaststättengewerbe max. 11 Std.)<br>**Urlaub**:<br>15 jährige → 30 Tage,<br>16 jährige → 27 Tage,<br>17 jährige → 25 Tage | ▪ Kündigungsgründe (ordentlich, außerordentlich (fristlos))<br>▪ Einspruchs- / (Klage-)fristen (3 Wochen)<br>▪ Abfindung |
| **Besonderes** | ▪ Verbot der Arbeit mit gefährlichen Stoffen | |

| | Mutterschutzgesetz (MuSchG) | Bundesurlaubsgesetz (BUrlG) |
|---|---|---|
| **Wer?** | Alle berufstätigen Frauen während und nach der Schwangerschaft | Alle Arbeitnehmer und Auszubildende |
| **Wann?** | ▪ nach Benachrichtigung des Unternehmers | ▪ nach 6 Monaten ununterbrochener Arbeit |
| **Leistung** | ▪ schützt vor Arbeiten die gefährlich oder ungeeignet sind<br>▪ Gesundheitsschutz | ▪ Urlaub kann nach Beendigung des Arbeitsverhältnisses ausbezahlt werden |
| **Inhalt** | ▪ keine gefährlichen, oder schwer körperlichen Tätigkeiten u. gesundheitsgefährdenden Stoffen<br>▪ tgl. max. 8,5 Std. (Doppelwoche max. 90 Std.)<br>▪ unter 18 Jahren tgl. max. 8 Std. (max. 80Std. Doppelwoche)<br>▪ keine Nachtschicht<br>▪ keine Sonn/Feiertage<br>▪ keine Akkordarbeit<br>▪ zusätzliche Pausen<br>▪ Sitzgelegenheiten | ▪ wenn Samstags gearbeitet wird, muss man auch dafür Urlaub nehmen<br>▪ Krank = kein Urlaub<br>▪ Keine Arbeit im Urlaub<br>▪ Urlaubswünsche sind zu berücksichtigen |
| **Besonderes** | ▪ Freistellung für Untersuchungen<br>▪ Keine Beschäftigung 6 Wochen vor/ 8 Wochen nach der Entbindung (12 Wochen bei Mehrgeburten/Zwillingen)<br>▪ die Ausfallzeiten gelten als Beschäftigungszeit | ▪ Mitnahme des Urlaubs in das nächste Jahr nur, wenn dringende betriebliche Gründe vorliegen (bis max. 31.03.) |

| | Arbeitszeitgesetz (ArbZG) | Entgeltfortzahlungsgesetz (EntgFG) |
|---|---|---|
| **Wer?** | Alle Arbeitnehmer und Auszubildende (über 18 Jahre) | Alle Arbeitnehmer und Auszubildende |
| **Wann?** | ▪ ab Beginn der Tätigkeit | ▪ nach 6 Wochen ununterbrochener Arbeit |
| **Leistung** | ▪ tgl. Arbeitszeit max. 10 Std.<br>▪ wöchentlich max. 40 Std. auf max. 6 Tage | Regelt die Lohnfortzahlung an gesetzlichen Feiertagen und im Krankheitsfall. |
| **Inhalt** | **Pausen:**<br>▪ spätestens nach 6 Std.<br>▪ 6 – 9 Std.: 30min<br>▪ ab 9 Std.: 45min<br>▪ frühestens 1 Std. nach Arbeitsbeginn<br>▪ spätestens bis 1 Std. vor Feierabend<br>**Ruhezeit:**<br>11 Stunden | ▪ Nach Ablauf der 6 Wochen zahlt die Krankenkasse Krankengeld (64,2% vom Brutto, 90% vom Netto, ohne Sonderleistungen)<br>▪ kein Anspruch bei grob fahrlässiger Herbeiführung |
| **Besonderes** | ▪ Nachtarbeit<br>▪ Sonn-/Feiertage nur für Lebenswichtige Arbeiten (z.B. Feuerwehr, Polizei, Schichtdienst, etc. ...) | |

# 5.4. Versicherungen

**private Vorsorge**

- KFZ – Haftpflicht
- private Haftpflicht
- Zahnzusatz
- Rechtsschutz
- ...

**gesetzliche Vorsorge**

- „Solidaritätsprinzip“

Mit Versicherung wird das Grundprinzip der kollektiven Risikoübernahme bezeichnet: Viele zahlen einen Geldbetrag in die Kapitalsammelstelle Versicherer ein, um beim Eintreten des Versicherungsfalles aus dieser Kapitalsammelstelle einen Schadenausgleich zu erhalten.

Da der Versicherungsfall nur bei wenigen Versicherten eintreten wird, reicht das Vermögen der Kapitalsammelstelle bei bezahlbarem Beitrag aus.

**Voraussetzung** ist, dass der Umfang der Schäden statistisch abschätzbar ist und demnach mit versicherungs-mathematischen Methoden der von jedem Mitglied des Kollektivs benötigte Beitrag bestimmbar ist.

# 5.5. Rechtsformen der Unternehmen

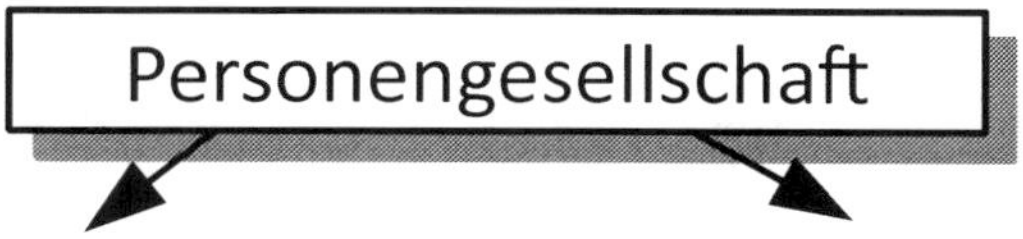


Gewerbeschein
→ BGB

Art + Umfang
Handelsgewerbe

→ HGB /
Handelsregister
eingetragen

→ e. K.
(eingetragener
Kaufmann)

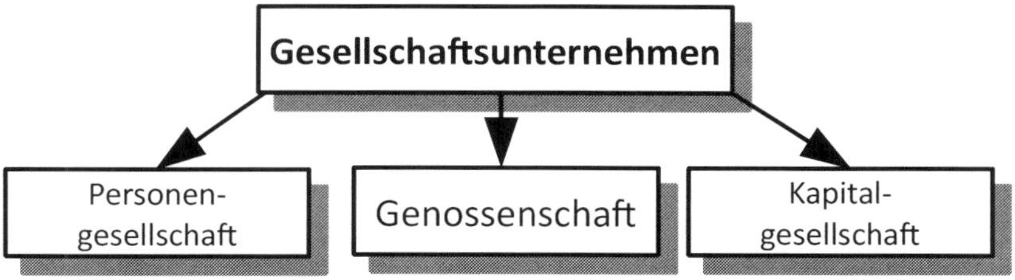


- GbR
  (Gesellschaft bürgerlichen Rechts – BGB Gesellschaft)
- OHG
  (offene Handelsgesellschaft)
- KG
  (Kommanditgesellschaft)

- AG
- GmbH

# Personengesellschaften

| eingetragener Kaufmann (e.K.) | |
|---|---|
| **Mindestgründerzahl** | Es muss lediglich **eine Person** vorhanden sein |
| **Mindestkapital** | Ein Mindestkapital ist **nicht erforderlich** |
| **Geschäftsführung** | Geschäftsführung übernimmt **allein der Unternehmer** |
| **Gewinn/Verlust** | Erhält der **Unternehmer für sich selbst** |
| **Haftung** | **Unbeschränkt** mit Privat- und Geschäftsvermögen |

| Gesellschaft bürgerlichen Rechts (GbR) | |
|---|---|
| **Mindestgründerzahl** | Es müssen mindestens **zwei Personen** sein |
| **Mindestkapital** | **Nicht erforderlich**<br>→ jedoch trägt jeder dazu bei |
| **Geschäftsführung** | **Gemeinsame Entscheidung** und **nach Vertrag** |
| **Gewinn/Verlust** | Der Gewinn wird **nach Köpfen** oder **nach Vertrag ausgeschüttet** |
| **Haftung** | **Privatvermögen** und **nach Vertrag** |

| Offene Handelsgesellschaft (OHG) | |
|---|---|
| **Mindestgründerzahl** | Es müssen mindestens **zwei Personen** sein |
| **Mindestkapital** | Ein Mindestkapital ist **nicht erforderlich** |
| **Geschäftsführung** | **Jeder Gesellschafter** ist dazu **berechtigt und verpflichtet** |
| **Gewinn/Verlust** | **4% auf die jeweilige Einlage**, der **Rest wird nach Köpfen** verteilt. |
| **Haftung** | **Unbeschränkt**<br>→ jeder haftet mit Privat- und Geschäftsvermögen |

# Kapitalgesellschaften

## Gesellschaft mit beschränkter Haftung (GmbH)

| | |
|---|---|
| **Mindestgründerzahl** | Es muss mindestens **eine Person** vorhanden sein |
| **Mindestkapital** | **25.000€ → Handelsregister** / Neu Eintritt mind. 100€ Anteil |
| **Geschäftsführung** | Wird **gewählt durch Gesellschaftsversammlung** / Intern oder Extern / **Ab 500 Mitarbeitern braucht man einen Aufsichtsrat** |
| **Gewinn/Verlust** | **Gewinn nach Anteilen vom eingesetzten Kapital** der Gesellschafter Unternehmensrücklagen |
| **Haftung** | **beschränkte Haftung** mit Stammkapital |

## Aktiengesellschaft (AG)

| | |
|---|---|
| **Mindestgründerzahl** | Es genügt mindestens **eine Person** |
| **Mindestkapital** | **50.000€ → Handelsregister → Satzung (öffentlich)**<br>Aktionäre **mindestens 1€** |
| **Geschäftsführung** | **Vorstand → Hauptversammlung Aufsichtsrat bestimmt**<br>→ mindestens 3 Mitglieder<br>→ Keine leitende Person |
| **Gewinn/Verlust** | **Gewinn über Hauptversammlung** beschlossen<br>→ Dividende<br>**Verlust über Rücklagen** ausgeglichen |
| **Haftung** | Die **Haftung wirkt über das Gesellschaftsvermögen** |

# 5.6. Rechtsgeschäfte

| **Einseitige Rechtsgeschäfte** | **Mehrseitig Rechtsgeschäfte** | |
|---|---|---|
| | **einseitig verpflichtend** | **mehrseitig verpflichtend** |
| • Testament<br>• Kündigung | • Schenkung | • übereinstimmende Willenserklärungen<br>⇓<br>Kauf-, Finanz-, Miet-, Arbeits-, Aufhebungs-, Leasing-, Werk-, Pacht-, Dienstleistungs-, Leih-, Ehevertrag |

**Personen**

| **natürliche Personen** | **juristische Person** |
|---|---|
| Gerburt ⇒ Tod<br>*Rechtsfähigkeit* ⇒ Träger von Rechten + Pflichten | Eintragung ⇒ Löschung |

**Geschäftsfähigkeit**

| **nicht geschäftsfähig** | **beschränkt geschäftsfähig** | **voll geschäftsfähig** |
|---|---|---|
| dauerhaft „unzurechnungsfähig“<br>< 7 | eingeschränkte Geschäftsfähigkeit<br>7 – 18 | > 18 |
| ⇒ „Bote“ | ⇒ „Taschengeld §“<br>Zustimmung der Erziehungsberechtigten<br>keine Raten | |

# 5.7. Mangelhafte Lieferung (§ 437 BGB)

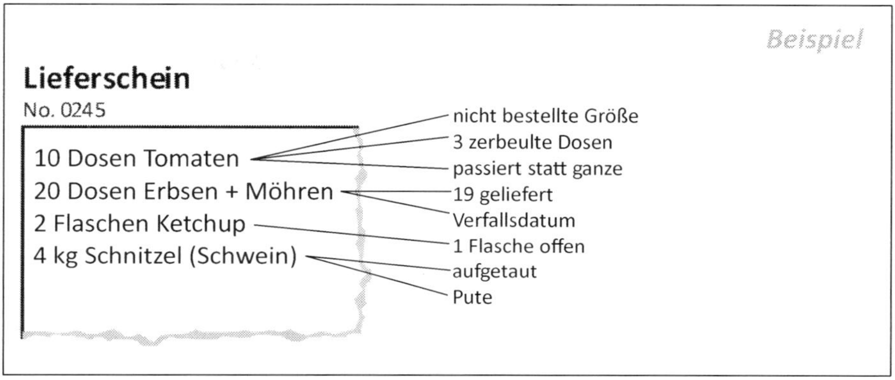


## Wie entstehen Mangelhafte Lieferungen?

- Lieferung ist abgelaufen/verdorben
- Verpackung kann beschädigt sein
- Falsche Mengenangaben
- Falsche Waren (z.B. reine Dosentomaten, statt passierte Tomaten)
- Beim Ausladen kann etwas kaputt gehen

## Was für Mängel kann es geben?

- zu wenig (→ *zu viel ! → „unverlangte Sendung“)*
- Mangel in der Güte
- Mangel in der Art
- Mangel in der Montage
- Mangel in der Montageanleitung
- Mangel in der Werbeaussage

# 5.8. Zahlungsverzug (§ 286 BGB)

| | |
|---|---|
| fällig | • Datum ist genannt<br>• 30 Tage nach Rechnungserhalt → Mahnung mit Frist |
| Verschulden | • vergessen<br>• Zahlungsschwierigkeiten<br>• „will nicht“<br>○ gerichtliches Mahnverfahren |

Antrag auf Erstellung eines Mahnbescheides

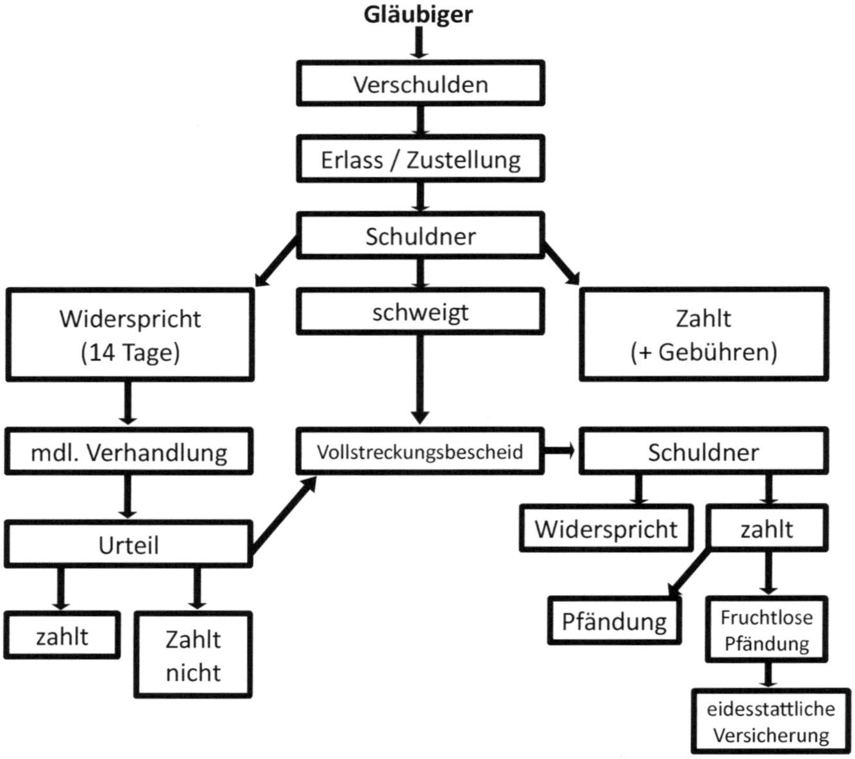

# 5.9. Wirtschaftskreislauf

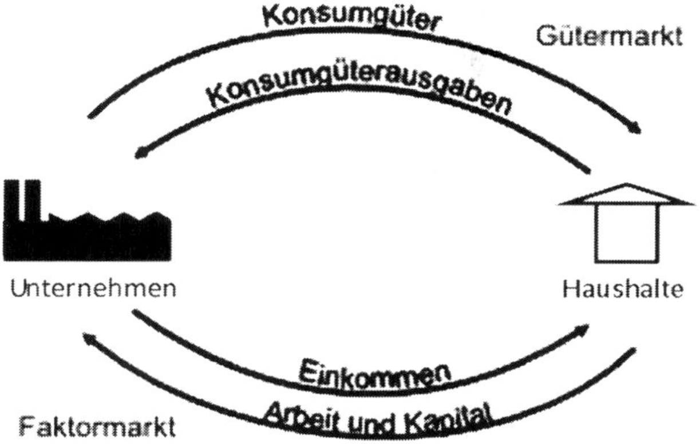


## Bereiche der Unternehmen

Bestellung

Produktion
(Leistungserstellung)
[Betrieb]

Absatzmarketing

Güter

freie Güter

(knappe)
Wirtschaftsgüter

**Investition**

Einsatz von Kapital
um Ertrag (langfristig)
zu steigern.

**Produktions-/**
**Investitionsgut**

→ Anschaffung und
Unternehmen zur
Leistungserstellung

Gebrauchsgut

**Konsumgüter**

→ „Endverbraucher"
private Haushalte

Verbrauchsgut

# 5.10. Markt und Marketing

- Wirtschaft → Faktoren:

Kapital
Arbeit
Boden

Bsp.: Kamillentee

***Boden:*** Wiese
***Arbeit:*** pflücken, trocknen, in Beutel packen
***Kapital:*** Pacht, Löhne, Teebeutel

- Markt: **Angebot**

**Preis**

Herstellungskosten
Konkurrenz

**Nachfrage**

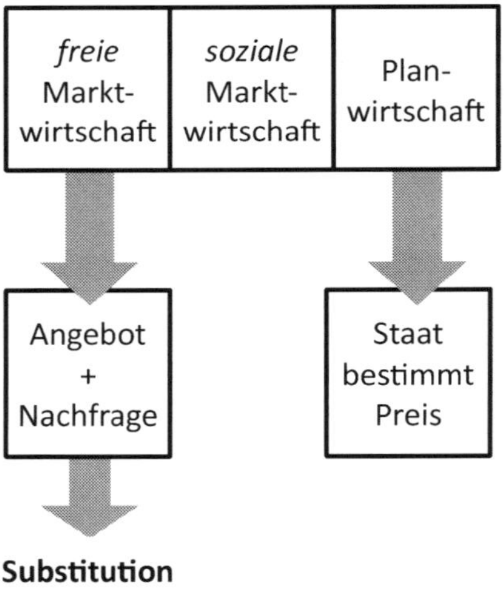


**Großes** Angebot → **Geringe** Nachfrage = Preis **unten**
**Geringes** Angebot → **Große** Nachfrage = Preis **oben**
**Großes** Angebot → **Große** Nachfrage = Preis **relativ gleich bleibend**

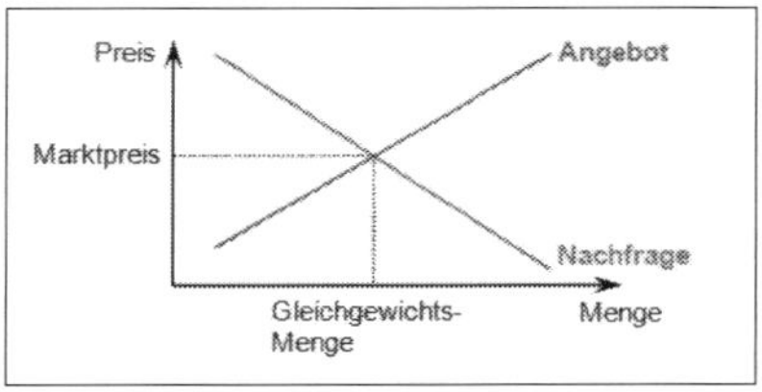


Marktgleichgewicht

**Konkurenzformen**

Monopol
Oligopol
Polypol

} *Kartellbildung !*

# 5.11. Selbstkosten und Preiskalkulation

Kosten → Aufwendungen zur Leistungserstellung

Leistung → *Erträge* zur Leistungserstellung

- verändert das Eigenkapital
- ermittelt in der Bilanz
    - Grundlage: Doppelte Buchführung

| | **Kalkulation der Selbstkosten des Umsatzes** | |
|---|---|---|
| | Fertigungsmaterial | 20.000,00 € |
| + | Materialgemeinkosten (10%) | 2.000,00 € |
| = | **Materialkosten** | 22.000,00 € |
| | Fertigungslöhne | 8.000,00 € |
| + | Fertigungsgemeinkosten (125%) | 10.000,00 € |
| = | **Fertigungskosten** | 40.000,00 € |
| + | Verwaltungsgemeinkosten (10%) | 4.000,00 € |
| + | Vertriebsgemeinkosten (6%) | 2.400,00 € |
| = | **Selbstkostenpreis** | 46.400,00 € |

# 5.12. Abschreibung

Eine Abschreibung **beschreibt den Wertverlust** von Vermögensgegenständen **in einer festgelegten Vorgehensweise**. Die Nutzungsdauer ist **in sogenannten AfA-Tabellen festgelegt**. Abschreibungen **verringern den zu versteuernden Gewinn**.

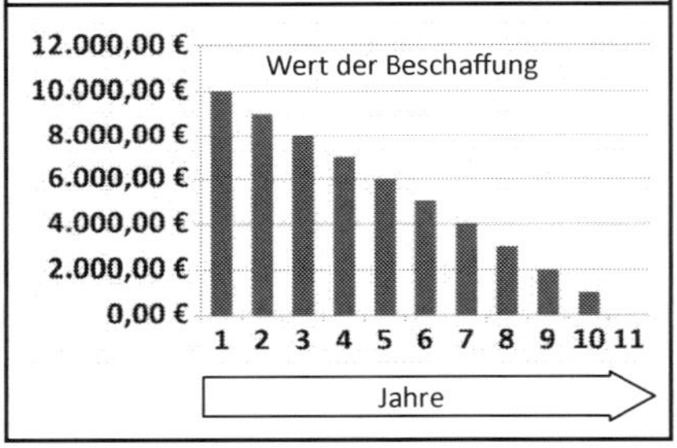


**Beispiel einer linearen Abschreibung**

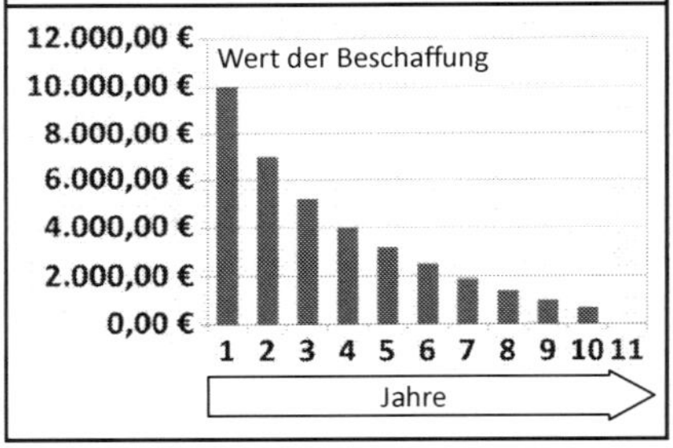


**Beispiel einer degressiven Abschreibung**

„Material", Löhne,...

Gemeinkosten (Faktor in % $\frac{ges.\,Gemeinkosten - 100}{Jahreslohnkosten}$ )

*Selbstkostenpreis*

+ Gewinnzuschlag in % = **Barverkaufspreis** | - (Gewinnzuschlag in % + 100%)

+ Skonto = **Zielverkaufspreis** | - Skonto in %

+ Rabatt = **Listenverkaufspreis** | - Rabatt in %

+ MwSt = **Mehrwerts- bzw. Umsatzsteuer** | - MwSt (-19%)

Rückwärtskalkulation

## Betriebliche Kenngrößen

Produktivität = $\frac{Menge}{Arbeitseinsatz}$

Wirtschaftlichkeit = $\frac{Gewinn\ x\ 100}{Gesamtkosten}$

Rentabilität (Verzinsung des Kapitals) = $\frac{Gewinn\ x\ 100}{Eigenkapital}$

# 6. Wirtschafts- und Betriebsorganisation

## 6.1. Aufgaben und Pflichten des Unternehmers
**(§ 3 PBefG und § 3 BOKraft)**

- Betriebssicheren Zustand der Betriebsanlagen und Fahrzeuge gewährleisten
- Befähigung und Eignung des Fahr- und Betriebspersonals sicherstellen
- Erfüllung der Sicherheit und Ordnung
- Dienstanweisungen aufstellen
- Unterstützung der technischen Aufsichtsbehörde
- Beeinträchtigung der Betriebssicherheit durch Dritte vermeiden
  - Schutz vor Sabotagen, Vandalismus usw.
- Mitteilungspflicht gem. § 6 BOKraft bei:
  - Betriebsstörungen, die länger als 24 Stunden dauern
  - Unfälle mit Personenschaden (schwer verletzt oder tot)
  - Betriebsvorkommnisse, die öffentliches Aufsehen erregen
- Recht u.a.: Betriebsleiter bestellen

### 6.1.2. Der Betriebsleiter (§ 4 BOKraft)
- Muss durch die Genehmigungsbehörde bestätigt werden
- Muss bei vielen Entscheidungen beteiligt werden, z.B. :
  - Planung und Bau von Betriebsanlagen
  - Bedarfsfeststellung (Auswahl, Beurteilungen, usw.) von Betriebsdiensten
  - Beschaffung von Fahrzeugen
  - Kooperation mit externen Partner (z.B. Versicherungen)
  - Untersuchung von Dienstverfehlungen der Mitarbeiter
- Ist für die sichere und ordnungsgemäße Betriebsführung verantwortlich
  - Aufstellen von Dienstwagen
  - Unterstützung des TÜV
  - Melden von Unfällen

### 6.1.3. Fahrbedienstete

(Fahr- und Betriebspersonal, §§ 8/9 BOKraft)

- Müssen Führerschein und Fahrerlaubnis zur Fahrgastbeförderung besitzen
- Müssen 1. Hilfe-Ausbildung absolviert haben
- Dürfen keine Beeinträchtigenden Krankheiten haben
- Dürfen keine Seuchenkrankheiten haben
- Dürfen nicht unter Einfluss von Drogen, Medikamenten und Alkohol fahren
- Unternehmer erlässt Dienstanweisungen, in denen dies alles geregelt wird

### 6.1.4. Auftragsunternehmer, Fahrgesellschaften und Zeitarbeit

- Bedient Linien im Namen und auf Rechnung eines anderen Unternehmens gegen Entgelt (sog. Subunternehmer oder Anmietverkehre)
- Gründung von Fahrergesellschaften
  - Ausgliederung des Fahrdienstes aus dem Unternehmen
  - Absenkung des Einkommen der Fahrer
  - Gesellschaft erbringt mindestens Fahrleistung und Fahrdienstmanagement (Disposition)
  - Evtl. mit weiteren Aufgaben, z.B. Wartung, Reparatur, Infrastrukturbetreuung
- Zeitarbeit
  - Zeitarbeiter sind Beschäftigte des Zeitarbeitsunternehmens
  - Entleiher holen sich die Zeitarbeiter je nach Bedarfsfeststellung
- Genehmigungen
  - Zum Betreiben von Linien im ÖPNV sind Liniengenehmigungen und Tarifgenehmigungen notwendig
  - Behörde sieht dazu vorab die Geschäftspapiere ein
  - Genehmigungsbehörde in NRW ist laut PBefG (Personenbeförderungsbedingungen Gesetz) die Bezirksregierung

# 6.2. Entwicklung zum flexiblen Mobilitätsdienstleister

Individualverkehr ↔ ÖPNV

## Gründe für ein vernünftiges Miteinander:

- Angebotsplanung: ÖPNV lohnt sich in vielen ländlichen Gebieten oder nachts nicht
    - Häufig Kooperation zwischen **Individualverkehr** und **ÖPNV** (Anruf-Sammel-Taxen (AST), Taxen, Taxibus, Bürgerbus)

- Wahlmöglichkeit des Kunden
    - Freiheit, das für aktuelle und individuelle Anforderungen am besten geeignete Fortbewegungsmittel zu nutzen

- Sogenannte „Mobilitätskette", d. h. Abdeckung des gesamten Reiseweges von A nach B
    - Bsp.: mit dem eigenen Auto zum P&R-Parkplatz, dann weiter mit dem ÖPNV, dann weiter mit Car-Sharing oder Mietfahrrad

- Viele Verkehrsunternehmen kooperieren mit Car-Sharing-Firmen, Fahrrad- und Mietwagenverleihern

- Folge: Servicemitarbeiter müssen sich auch mit Dienstleistungen Dritter auskennen!

## 6.2.1. Verkehrsplanung

Das Ziel der Verkehrsplanung ist die optimale Gestaltung von Verkehrssystemen für mehr Leistungsfähigkeit, Wirtschaftlichkeit, Nachhaltigkeit und Sicherheit.

**Bedeutung für den ÖPNV:**

- Langfristige Verkehrsentwicklung (Generalverkehrsplanung)
- Entwurf von Verkehrsnetzen und Infrastrukturanlagen (z.B. Bahnhöfe, Haltestellen)
- Planung des Verkehrs (Fahrpläne, Fahrzeugeinsatz- und Instandsetzungspläne)
- Bedarfsprognosen erstellen

## 6.3. Der Nahverkehrsplan (NVP)

(Ausschreibungsgrundlagen gem. §8 Abs. 3 PbefG)

- Darstellung der öffentlichen Verkehrsinteressen und -bedürfnisse
- Zentrale Bedeutung für
  - Ausreichende Verkehrsbedingung
  - wirtschaftliche Verkehrsgestaltung
  - Abgestimmte Nahverkehrsbedienung
  - Abgestimmte Tarif und Fahrpläne
- Der Nahverkehrsplan muss bei den Liniengenehmigung zwingend beachtet werden
- Der NVP enthält viele wichtige Themen für Fahrbedienstete

**Weitere Pläne:**

- Liniennetzplan
  - Graphische Darstellung der ÖPNV-Linien vor Ort
  - Ergänzung zum Fahrplan
  - Häufig zusätzliche Angabe von Tarifzonen
- Tarifzonenplan
  - Abgegrenzte Fläche eines Verkehrsgebietes, Grundlage der Preisberechnung
  - Ergänzung zu den Beförderungsbedingungen

### 6.3.1. Der ÖPNV in Deutschland

Der ÖPNV in Deutschland ist ein fester Bestandteil des Lebens und zählt zur staatlichen Daseinsvorsorge.

> Definition des ÖPNV gemäß §8 Abs. 1 PBefG: „Personenbeförderung mit Bussen und Bahnen in Stadt-, Vorort und Regionalbereichen“

- Reichweite in der Regel bis zu 50 km, Reisezeit i. d. R. Eine Stunde
- Erbringung durch Kommunale Verkehrsunternehmen und private Bus- und Bahnverkehrsunternehmen
    - 40% der ÖPNV-Leistung durch den Bus
    - 43% durch Eisen- bzw. S-Bahn
    - 17% durch Straßen-/Stadt- und U-Bahn

### 6.3.2. Herausforderungen, Vorteile und Chancen des ÖPNV

<u>Zukünftige Herausforderungen:</u>

- Finanzierung
- Bedeutungsverlust des ÖPNV: demographischer Wandel (z.B. 20% weniger Schüler und Azubis)
- Klimawandel (z.B. klimafreundliche Antriebe usw.)
- Tendenz zur Individualisierung
  (Man schätzt, dass im Jahr 2025 circa 51 Millionen PKWs in Deutschland gemeldet sein werden.)

## Chancen in der Zukunft

- **Umweltfreundlichkeit**
  - Strom aus nachhaltiger Energiegewinnung
  - Elektroantrieb, Speicherung der Bremsenergie usw.
  - Einsparung von CO2 (80% weniger als ein Auto)
  - Senkung des Ausstoßes andere Schadstoffe
  - Verbrauch der Hälfte am Kraftstoff ein PKW (pro Person)
  - umweltfreundliche Fahrweise
  - Mülltrennung und Ressourcenschonung im Betrieb

- **Kostengünstigkeit**
  - Betriebs-, Werkstatt-, Versicherungs-, Steuerkosten usw., Wertverlust bei Mittelklasse-PKW: 455€/Monat
  - Monatskarte ÖPNV: 64€/Durchschnitt

- **Sicherheit**
  - ÖPNV gehören zu den sichersten Transportmitteln
  - Wenig Stress für Fahrgäste, z.B. keine Parkplatzsuche

- **Reduzierung der Lärmbelästigung**
  - Spurkranschmierung, Wassersprühanlage, Abschleifen der Gleise bei Straßenbahnen, vorsichtiges Anfahren und in Zukunft evtl. Motorstopp bei Bussen

- **Volkswirtschaftlicher Nutzen**
  - Standortvorteil Deutschland
  - Entwicklung von Wirtschaft und Arbeitsmarkt
  - Studie aus Nürnberg: jeder in den ÖPNV investierte Euro bring einen Nutzen von fünf Euro für die Stadt
  - 130 000 Beschäftige im ÖPNV
  - gute Perspektiven

- **Verkehrsverbund:**
  - Zusammenschluss aus Kommunen sowie von Verkehrsunternehmen zur gemeinsamen und abgestimmten Durchführung des ÖPNV

ISBN 978-3-7467-6100-8
9 783746 761008 00007
www.epubli.de